Armin Täubner

Frohes Fest!

Weihnachtskarten

Frech-Verlag Stuttgart

Für eine gewerbliche Nutzung der gezeigten Arbeiten ist die Genehmigung des Verlags erforderlich.

Auflage: 5. 4. 3. 2. | Letzte Zahlen
Jahr: 1994 93 92 91 90 | maßgebend

ISBN 3-7724-1366-8 · Best.-Nr. 1366

frech-verlag
GmbH + Co. Druck KG Stuttgart
Druck: Frech, Stuttgart 31

Grüße an Weihnachten und Neujahr zu verschicken, hat Tradition. Aber die gebräuchlichen Karten sind häufig sehr teuer und unpersönlich. Diese Nachteile haben selbstgestaltete Karten nicht.

Seit Tonkarton von den Bastlern entdeckt wurde, hat er von seiner Beliebtheit nichts eingebüßt. Er vereinigt sehr wichtige Vorteile in sich: er ist preiswert, überall in zahlreichen schönen Farben erhältlich, und er ist mit einfachen Mitteln zu bearbeiten.

Ich habe den Tonkarton im vorliegenden Buch auf unterschiedliche Art und Weise eingesetzt. Zum einen ist er bei zahlreichen Arbeiten der einzige Werkstoff, zum anderen wird er mit weiteren Materialien in Einklang gebracht: mit Goldkrepp, Transparentpapier, Glanzkarton, Glitterspray. In einigen Fällen dient er nur als Träger für eine andere Technik: beim Kartoffeldruck, bei den Stroharbeiten und bei den gestickten Motiven.

Vielleicht helfen Ihnen die Anregungen, sich selbst an andere Basteltechniken zu erinnern, die sich mit Tonkarton verwirklichen lassen.

Ihr Armin Täubner

Material

Für sämtliche Karten wird weißer Zeichenkarton und farbiger Tonkarton (ca. 200–250 g/m^2 verwendet.

Übertragen des Motivs

Die Umrisse des Motivs und der Karte werden mit Bleistift auf Transparentpapier übertragen. Beim Übertrag kann zwischen drei Möglichkeiten gewählt werden:

1. Auf den weißen Karton Kohlepapier legen und darauf das Transparentpapier mit dem aufgezeichneten Motiv plazieren. Nun werden die Konturen mit einem Kugelschreiber nachgezogen.

2. Das Transparentpapier mit dem Motiv wird direkt auf den weißen Karton gelegt. Mit einem Kugelschreiber werden die Umrißlinien kräftig nachgezogen. Auf diese Weise drückt sich das Motiv in den Karton ein.

3. Das auf Transparentpapier gezeichnete Motiv wird ebenfalls direkt auf den Karton gelegt. Mit einem Stichel, einer Vorstech- oder Radiernadel werden die Konturen leicht nachgestochen.

Herstellen von Schablonen

Bei manchen Karten müssen Figuren oder Einzelteile separat und mehrfach ausgeschnitten werden. In diesem Fall sind Schablonen notwendig. Dazu wird Transparentpapier beispielsweise auf einen Stern gelegt und der Umriß mit Bleistift nachgefahren, auf einen Kartonrest geklebt und exakt ausgeschnitten. Mit dieser Schablone kann dann der Umriß auf den Tonkarton übertragen werden.

Ausschneiden des Motivs

Mit einem Bastelmesser oder Cutter, der eine verschiebbare Klinge hat, wird das Motiv herausgeschnitten. Als Schneidunterlage dient ein dicker Karton. Rundungen können evtl. mit der Nagelschere nachgeschnitten werden. Für die übrigen Schneidarbeiten wird eine mittelgroße Schere verwendet.

Beschriften der Karten

Kurze Kartengrüße können entweder von Hand oder mit Abreibebuchstaben angebracht werden. Dabei wird ein farblich passendes, separates Karton- bzw. Tonpapierstück beschriftet und auf die gewünschte Größe zugeschnitten. Dieses Verfahren hat den Vorteil, daß der Text stets genau in der Mitte unter dem Motiv plaziert werden kann. Gelingt die Beschriftung nicht beim ersten Mal, ist dies kein Beinbruch. Man kann aus mehreren Versuchen die schönste Beschriftung auswählen und aufkleben.

So wird ein Briefumschlag gemacht

1

Die vorgestellten Karten haben unterschiedliche Größen und passen deshalb nicht in die herkömmlichen Briefumschläge. Aus diesem Grund zeige ich hier, wie ein Briefumschlag für die jeweils gewünschte Größe gefaltet und geklebt wird. Als Material bietet sich weißes, blaues oder rotes Papier bzw. Tonpapier an.

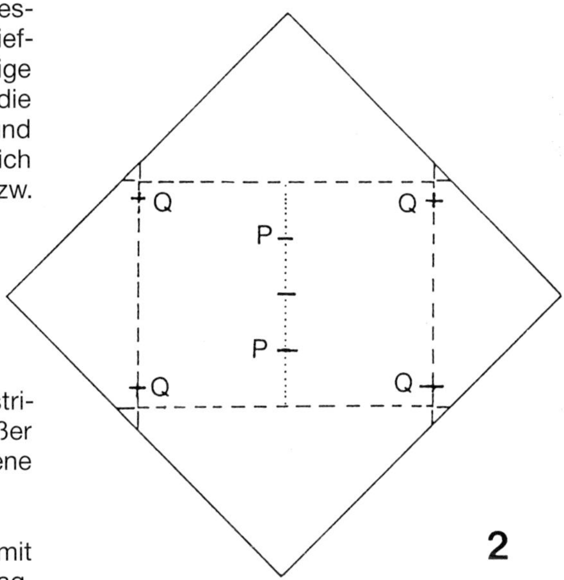

2

1. Die fertige Umschlaggröße (gestrichelte Linie) sollte ca. 0,5 cm größer sein als die Karte (durchgezogene Linie).

2. Dieses gestrichelte Rechteck mit Bleistift auf das größere Umschlagpapier übertragen. Nun eine senkrechte Mittellinie (punktiert) aufzeichnen und in vier gleiche Abschnitte unterteilen. Die später nach unten geklappte Spitze des Umschlags sollte die punktierte Linie zu drei Vierteln bedecken, also bis zu Punkt P reichen. Etwa 1 cm unterhalb des oberen bzw. unteren Randes die Punkte Q markieren.

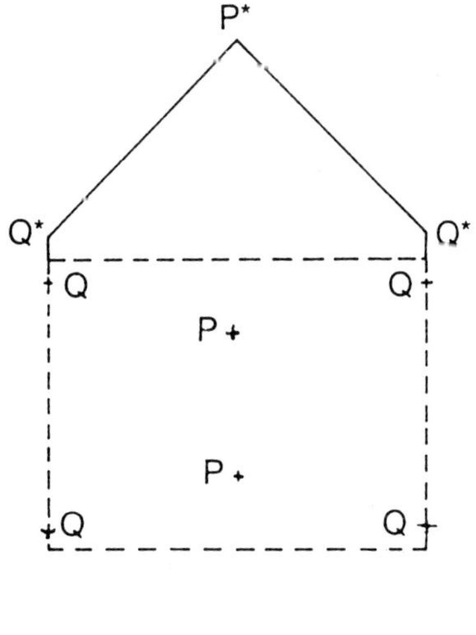

3

3. Der Punkt P wird nun nach oben aufgeklappt. Es entsteht der Punkt P*. Die Punkte Q werden ebenfalls nach oben geklappt. Es entstehen die Punkte Q*.

4. An der Umschlagunterseite ebenso verfahren.

5. Mit Bleistift und Lineal werden die Punkte P* mit Q* verbunden und zu den Seiten hin verlängert. Diese Linien schneiden sich in R. Werden nun die gestrichelten Linien verlängert, entstehen vier kleine Dreiecke, die mit der Schere herausgeschnitten werden.

6. Die Seitenflügel nach innen umklappen.

7. Die untere Spitze nach dem Umklappen abschneiden, so daß die Schnittkante (punktiert) die waagrechte Umschlagmitte etwa 0,5 cm überragt. Nun kann der Umschlag zusammengeklebt werden.

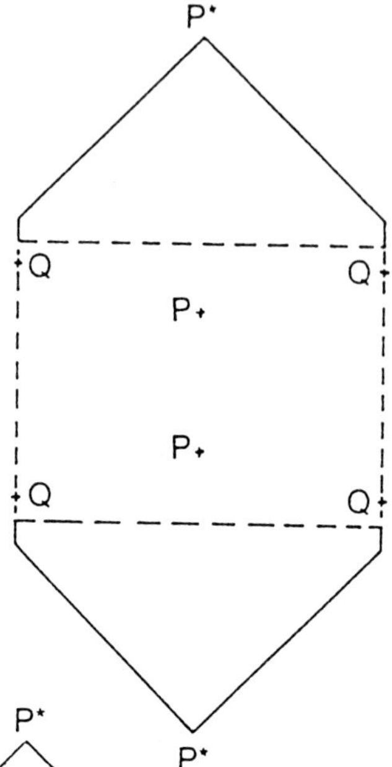

4

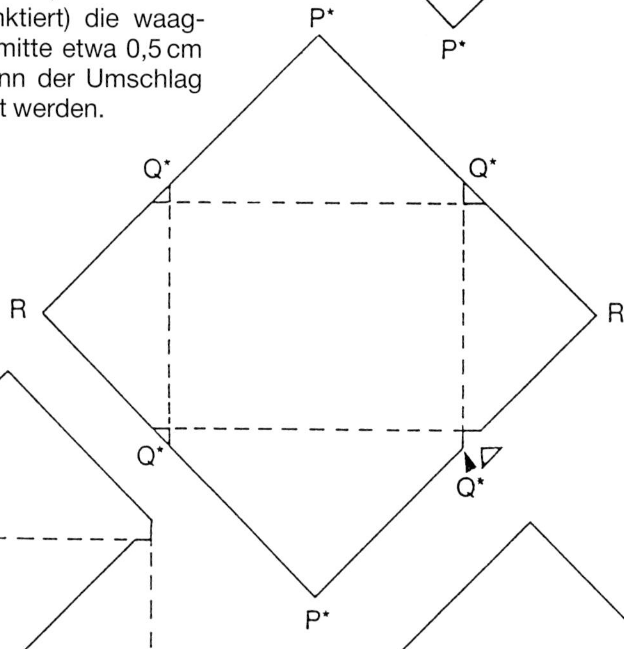

5

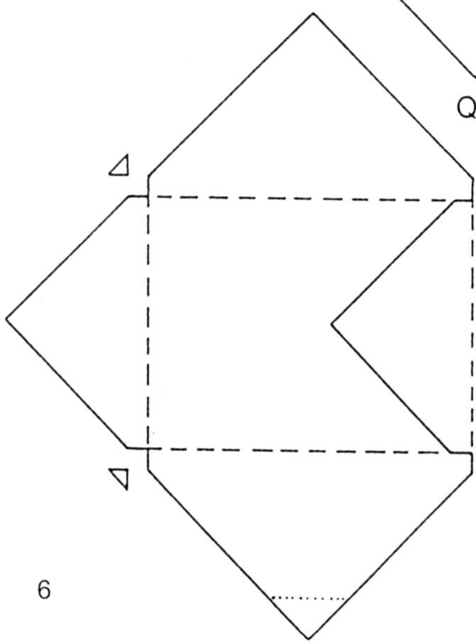
6

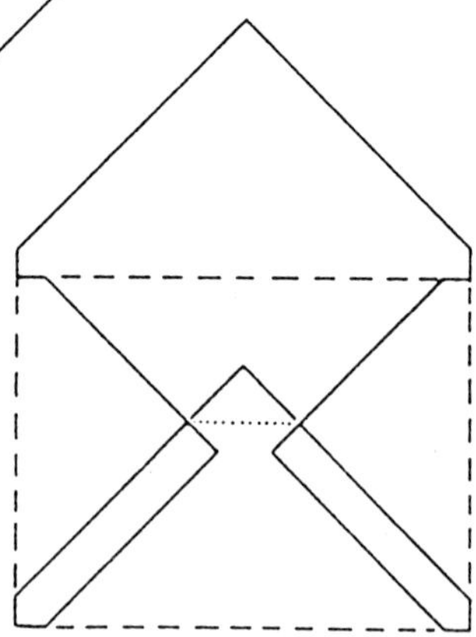
7

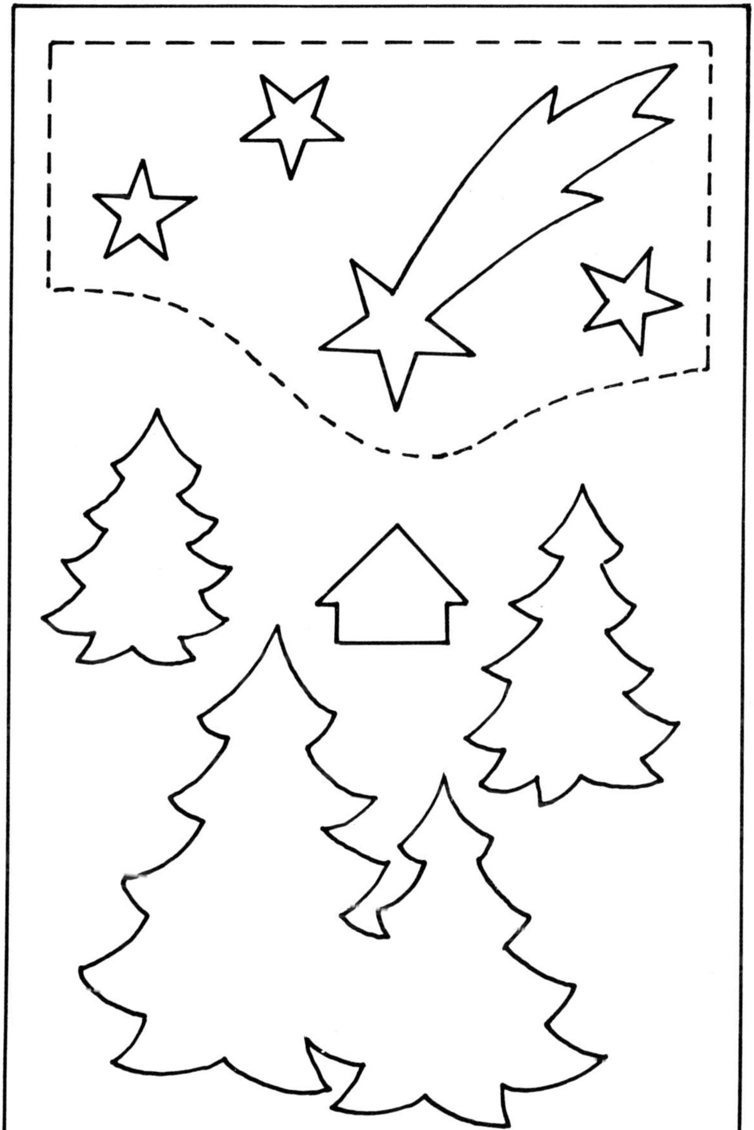

Der Stern weist den Weg

Abbildung auf der Umschlag-Rückseite

Auf die weiße Karte mit linksseitigem Falz den schwarzen Himmel kleben.

Nun die Umrisse der Sterne, der Tannen und des Hauses übertragen und mit dem Cutter nachschneiden. Die herausgeschnittenen Flächen mit Goldkrepp oder Goldfolie hinterkleben.

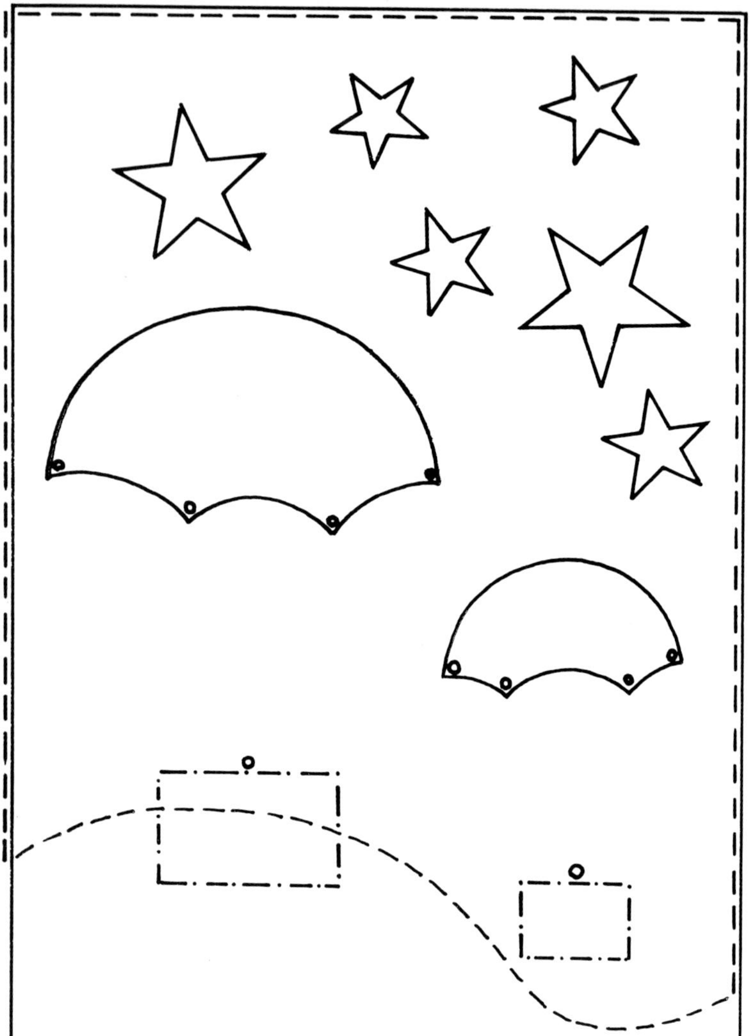

Direkt vom Himmel

Die Vorderseite einer weißen Karte mit linksseitigem Falz leicht mit silbernem Glitterspray besprühen.

Aus schwarzem Karton (gestrichelte Linie) Sterne und Fallschirme mit dem Cutter herausschneiden. Den schwarzen Karton auf die weiße Karte kleben und ebenfalls besprühen. Zwei rechteckige Päckchen ausschneiden und unter den Fallschirmen fixieren. Direkt über den Päckchen und an den Fallschirmzipfeln die Karte mit einer Nadel durchstechen, Gold- oder Silberfäden als Fallschirmleinen durchziehen und auf der Rückseite verknoten.

Frohe Weihnachten

Ein Zeichen der Freude

Ein Tip:
Für den Grußtext die gegenüberliegende Innenseite mit weißem Papier oder Karton bekleben.

Die Umrisse der Kerze auf Transparentpapier übertragen und auf schwarzem Karton fixieren. Die Konturen mit einem Kugelschreiber kräftig nachziehen. Das in die Kartonoberfläche eingedrückte Motiv mit dem Cutter herausarbeiten und mit buntem Transparent- oder Seidenpapier hinterkleben.

Goldener Sternenregen

Die Wolken aus weißem Karton ausschneiden. Bei der Wolke mit dem zweiflügeligen Fenster die punktierte Linie mit dem Cutter nachschneiden und an den Strich-Punkt-Linien den Karton aufklappen. Die Wolken auf schwarzen Glanzkarton kleben und zusätzlich Goldsterne arrangieren. Der Weihnachtsgruß kann mit goldenen Abreibebuchstaben geschrieben werden.

FROHES FEST
FROHES FEST

Glänzende Geschenke

Die Karten aus schwarzem Glanzkarton ausschneiden und mit silbernem Glitterspray besprühen. Quadratische Kartonstücke mit Metallfolie bekleben. Mit dem Cutter waagrechte Schnitte in die Karte schneiden, die Päckchen mit einer Ecke hineinstecken und mit Klebstoff fixieren.

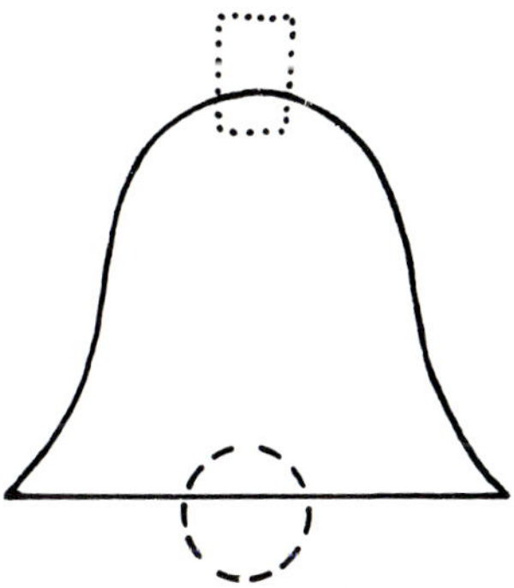

Weihnachtsglocken

Benötigt werden einige Kartoffeln, ein Messer, ein Pinsel und Wasserfarben. Zunächst eine Kartoffel halbieren und die gewünschte Form mit dem Messer in die Schnittfläche schneiden. Auf den so entstandenen Stempel mit dem Pinsel Wasserfarbe auftragen und den Stempel auf das vorbereitete Tonpapier bzw. den Tonkarton drücken.

Überall strahlt Kerzenlicht

Das Motiv auf weißes Transparentpapier übertragen. Das Transparentpapier auf schwarzen Karton legen und die Umrisse mit einem Kugelschreiber kräftig nachziehen. Das Transparentpapier entfernen, mit dem Cutter die Kerzen und die Sterne herausschneiden und leicht mit silbernem Glitterspray übersprühen. Nun den schwarzen Karton mit dem Motiv auf einen etwas größeren, weißen Karton mit linksseitigem Falz kleben.

Weihnachtsbaum in Gold und Weiß

Die Umrisse des Baumes, des Kartonrechtecks (durchgezogene Linien) und die punktierten Faltlinien auf weißen Karton übertragen. Sämtliche durchgezogenen Linien mit dem Cutter und der Schere nachschneiden. Die punktierten Linien mit der Spitze einer Nagelfeile nachziehen. Den Baum vorsichtig von hinten nach vorne durchdrücken. Nun den Karton in der Mitte entlang der punktierten Linie nach vorne zusammenklappen; aufklappen und auf eine etwas größere, mittig gefaltete und mit Goldkrepp beklebte weiße Karte kleben. Den Weihnachtsgruß auf weißen Karton schreiben, diesen anschließend auf die gewünschte Größe zurechtschneiden und auf einem etwas größeren, mit Goldkrepp beklebten Kartonstück fixieren. Dieses Grußkärtchen auf die Karte kleben und den Baum mit Goldsternen verzieren.

FROHES
FEST

Motive aus Stroh

Von allen Teilen Schablonen herstellen und diese mit gebügeltem Stroh der entsprechenden Farbe bekleben. Die Schablonenränder werden mit der Schere und dem Cutter nachgeschnitten. Die Einzelformen auf der Karte anordnen.

Die Heilige Nacht

Abbildung auf dem Umschlag

Die durchgezogenen Linien auf roten Tonkarton übertragen und das Motiv mit dem Cutter und der Schere herausarbeiten. Auf weißen Karton die gestrichelten und punktierten Linien übertragen. Der Falz befindet sich an der Oberseite. Die gestrichelten Linien nachschneiden und die beiden Torflügel entlang den punktierten Linien aufklappen. Jetzt das rote Motiv von hinten in den Torbogen kleben. Das Motiv abschließend mit weißem Transparentpapier hinterkleben.

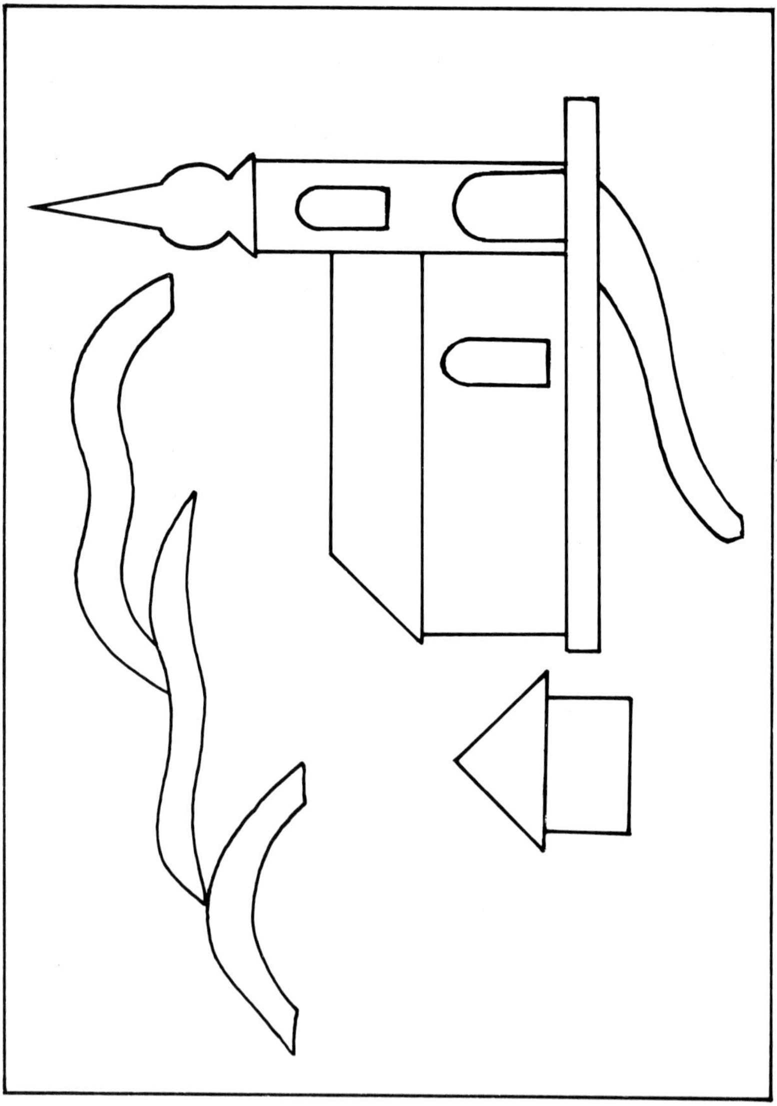

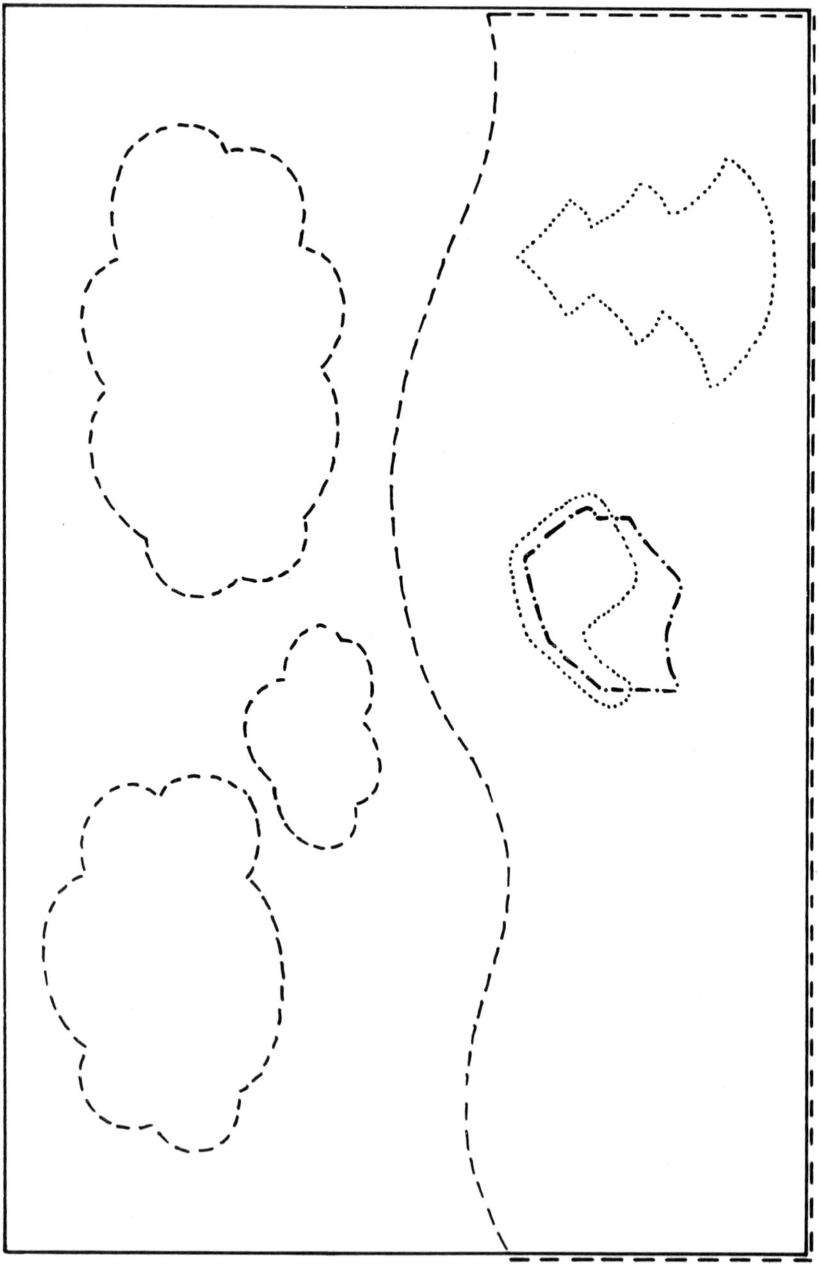

Ein einsames Häuschen

Auf die schwarze Karte mit obenliegendem Falz die Schneelandschaft und die Wolken kleben. Häuschen und Tannen ebenfalls aufkleben. Die Karte mit silbernem Glitterspray besprühen.

Weihnachtssilhouetten

Die Einzelformen aus schwarzem Tonkarton ausschneiden. Für das Herausarbeiten der Sterne den Cutter verwenden. Torbogen und Weihnachtsmann bzw. Tannenbaum auf eine etwas größere, grüne oder rote Karte mit linksseitigem Falz kleben. Abschließend die Karten mit aufgeklebten Goldsternen verzieren.

FROHES
FEST

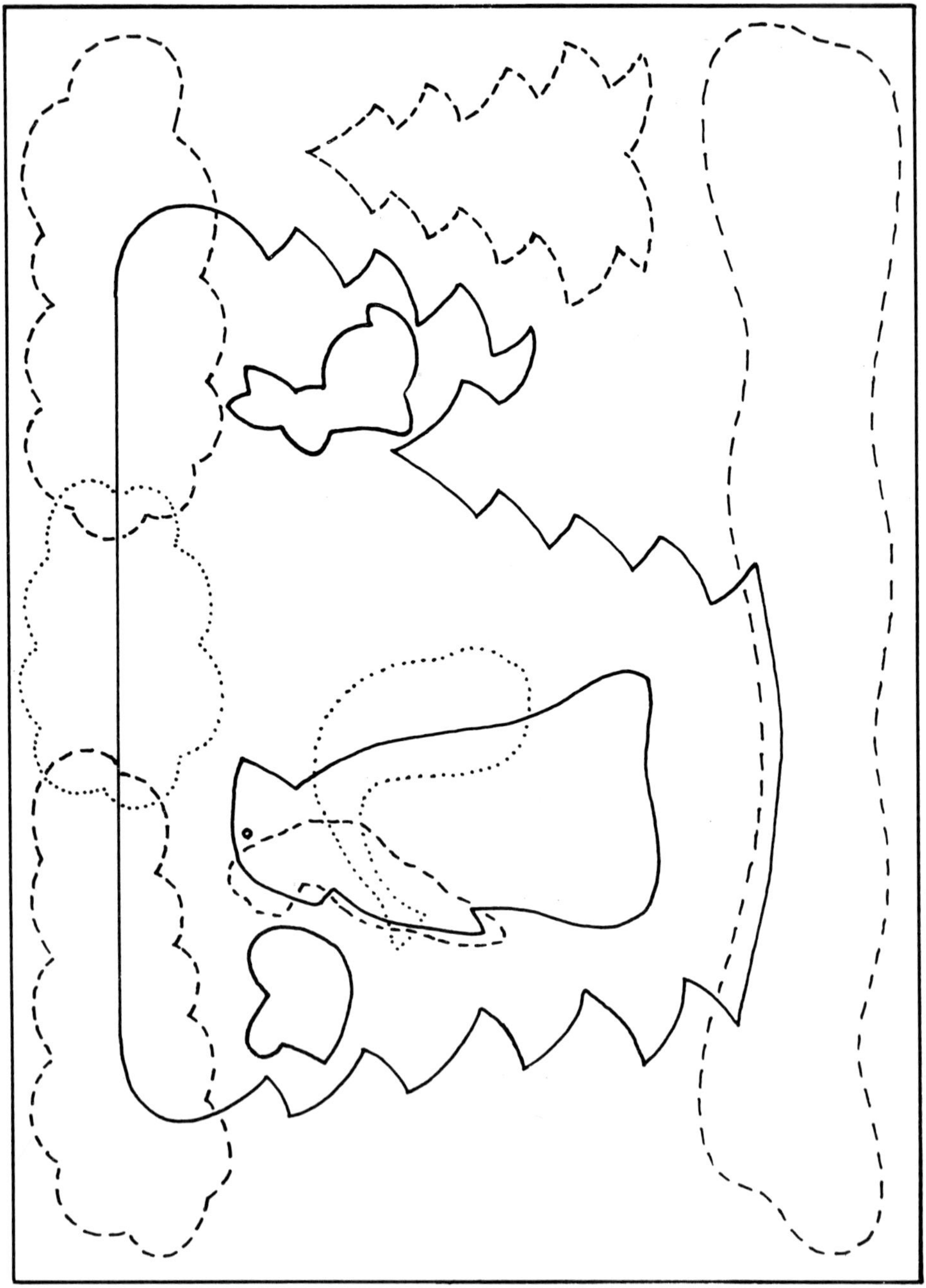

Wer schreitet durch den Winterwald?

Auf der grünen Karte, deren Falz sich an der Oberseite befindet, mit dem Cutter die Innenfläche herausschneiden (durchgezogene Linie). Nun die Schneefläche am Boden beschriften und aufkleben. Auf dieser Schneefläche die kleine Tanne und den Hasen anbringen. Am Himmel die Wolken fixieren. Weil sich der Weihnachtsmann dreht, müssen außer dem roten Rumpf sämtliche Teile doppelt ausgeschnitten und paßgenau beidseitig auf den Körper geklebt werden. Zum Schluß den Weihnachtsmann mit einem Faden an einer Wolke befestigen. Die Löcher mit einer Nadel einstechen.

Kleine Grußkarten

Von den Einzelformen werden Schablonen hergestellt. Diese Schablonen mit gebügeltem Stroh bekleben. Dreht man die beklebten Schablonen um, kann man mit der Schere oder dem Cutter die Umrisse sauber nachschneiden. Die Motive jeweils farblich passend zusammenstellen und in eine Passepartoutkarte kleben.

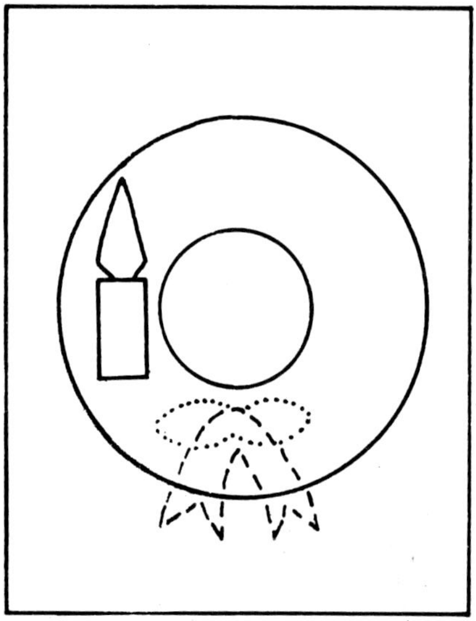

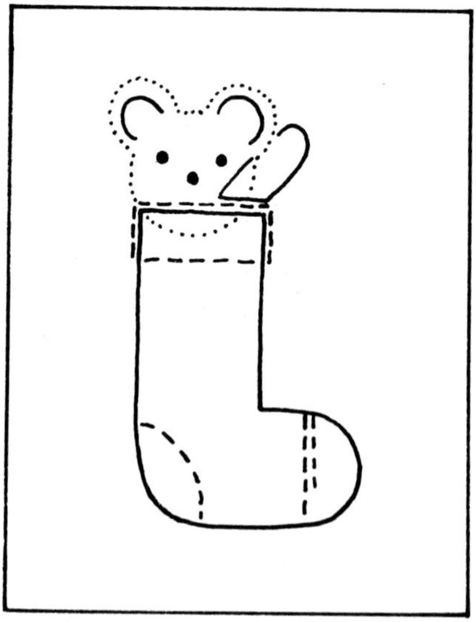

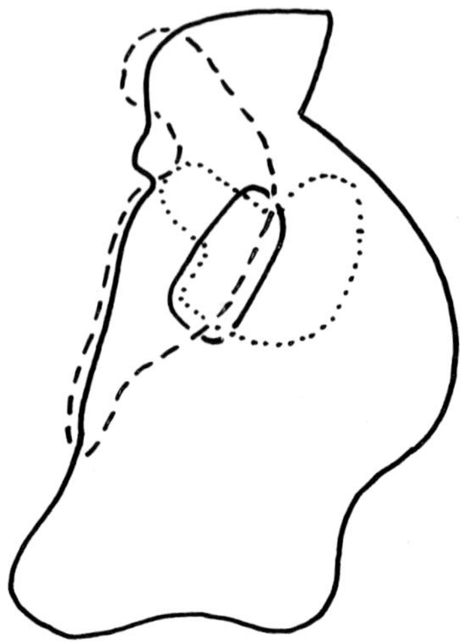

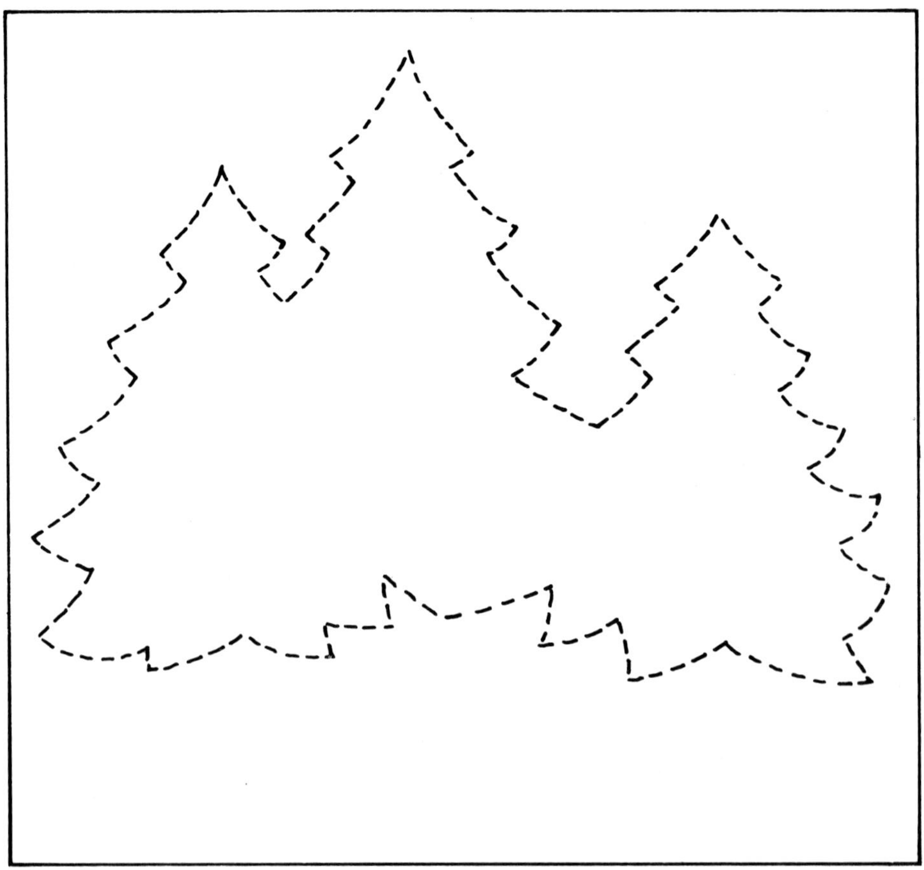

Jetzt hab' ich doch glatt die Adresse vergessen

Das weiße Kartonrechteck (durchgezogene Linie) ausschneiden und auf eine etwas größere, rote Karte mit obenliegendem Falz aufkleben. Die Tannen, den schneebedeckten Baumstumpf, den Weihnachtsmann und zum Schluß den Sack aufkleben.

Ich glaub', ich hab' mich verirrt

Aus weißem Karton ein Rechteck (18,8 cm × 12,5 cm) ausschneiden und auf eine etwas größere, rote Karte mit linksseitigem Falz kleben. Den roten Weihnachtsmannkopf von hinten zwischen den beiden Tannen (gestrichelte Linie) ankleben. Die dritte Tanne (punktierte Linie) ebenfalls von hinten fixieren. Auf das weiße Haar-/Bartteil mit Filzstift Augen und Nase aufmalen. Nun den Schnurrbart befestigen. Das Gesicht am Kopf ankleben und zu beiden Seiten des Kopfes jeweils einen weißen Ärmelsaum und einen roten Handschuh anbringen. Das gesamte Motiv auf der Karte befestigen.

FROHES FEST

Wo bleibt der Schnee?

Auf die weiße Karte die Tannen und die Wolke kleben. Beim Weihnachtsmann zuerst Bart und Mantelsaum, dann den Schirm und schließlich den Arm anbringen. Die Regentropfen mit Bleistift aufmalen.

Die beiden großen Schneeflächen auf die rote Karte kleben. Aus dem grünen Fenster mit dem Cutter die Scheiben herausschneiden. Das ganze Fenster mit einem etwas kleineren, weißen Karton hinterkleben

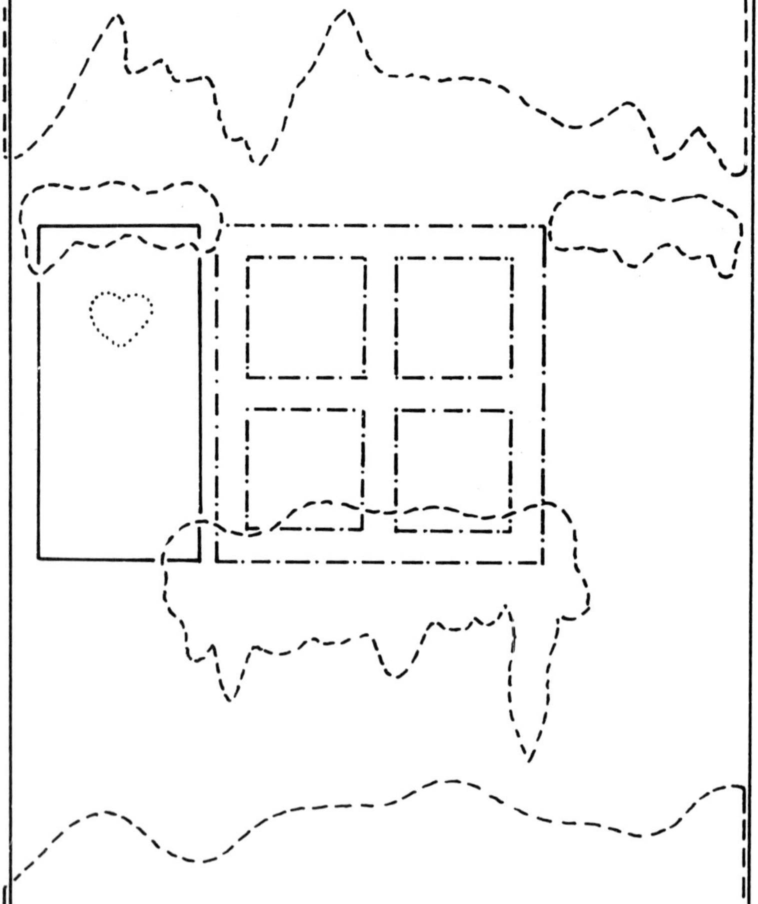

und auf der Karte fixieren. Beidseitig die Fensterläden mit aufgeklebten Herzen und Schneerändern anbringen. Zum Schluß die schneebedeckte Fensterbank befestigen.

FROHES FEST

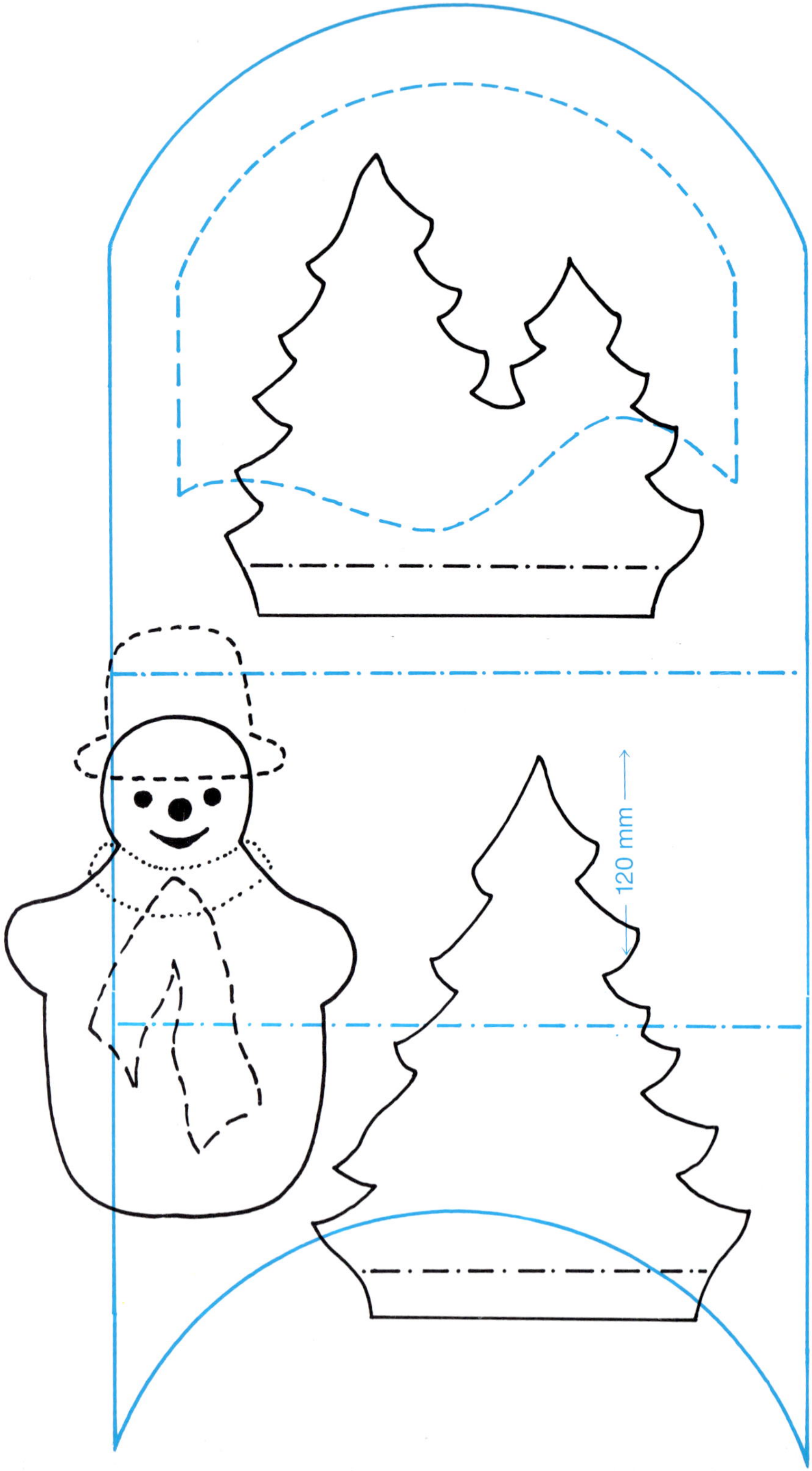
120 mm

Ein winterlicher Freund

Zwei Strich-Punkt-Linien, an denen die Karte zusammengeklappt wird, unterteilen die Karte in drei Felder. Ins obere Feld den Himmel (gestrichelte Linie) kleben. Das untere Feld nach oben klappen und den Schneemann anbringen. Die Tannen entlang der Strich-Punkt-Linien falten und im mittleren Feld der Karte so ankleben, daß, wenn sie nach hinten umgeklappt werden, ihre Wipfel nicht über das mittlere Feld hinausragen.

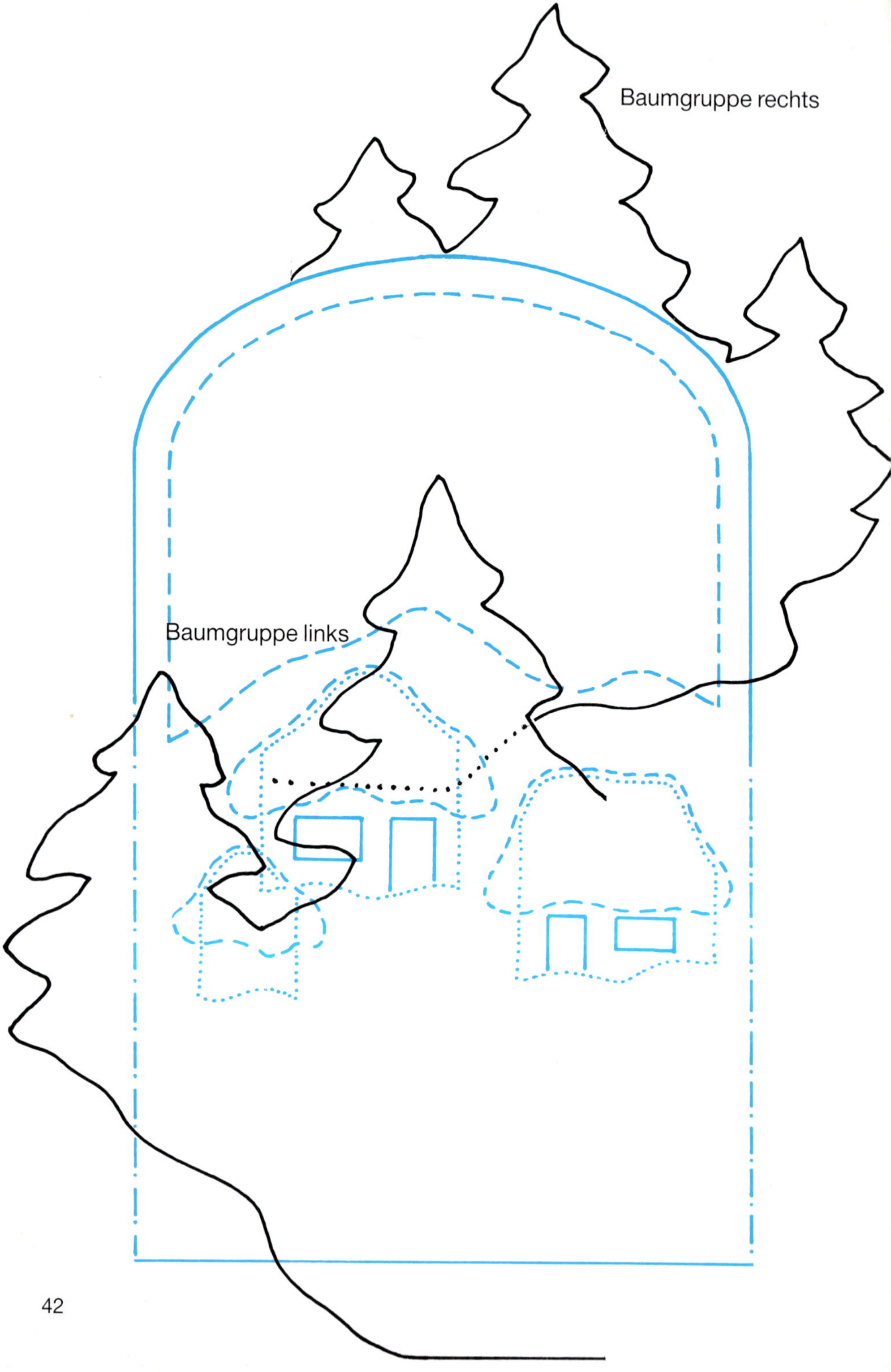
Baumgruppe rechts
Baumgruppe links

Verschneites Dorf

Die Karte entlang der durchgezogenen Linie ausschneiden, die Seitenflügel entlang der Strich-Punkt-Linien nach innen umklappen und wieder öffnen. Den Himmel aufkleben. Darunter die schneebedeckten Häuser gruppieren.

Mit Gold und Silber geschmückt

Schneefläche und Wolken aus weißem Karton ausschneiden, mit silbernem Glitterspray besprühen und auf die Karte kleben. Ein weißes Kartonstück mit Goldkrepp oder Goldfolie bekleben, die Umrisse der Tannen übertragen, ausschneiden und auf die Karte kleben.

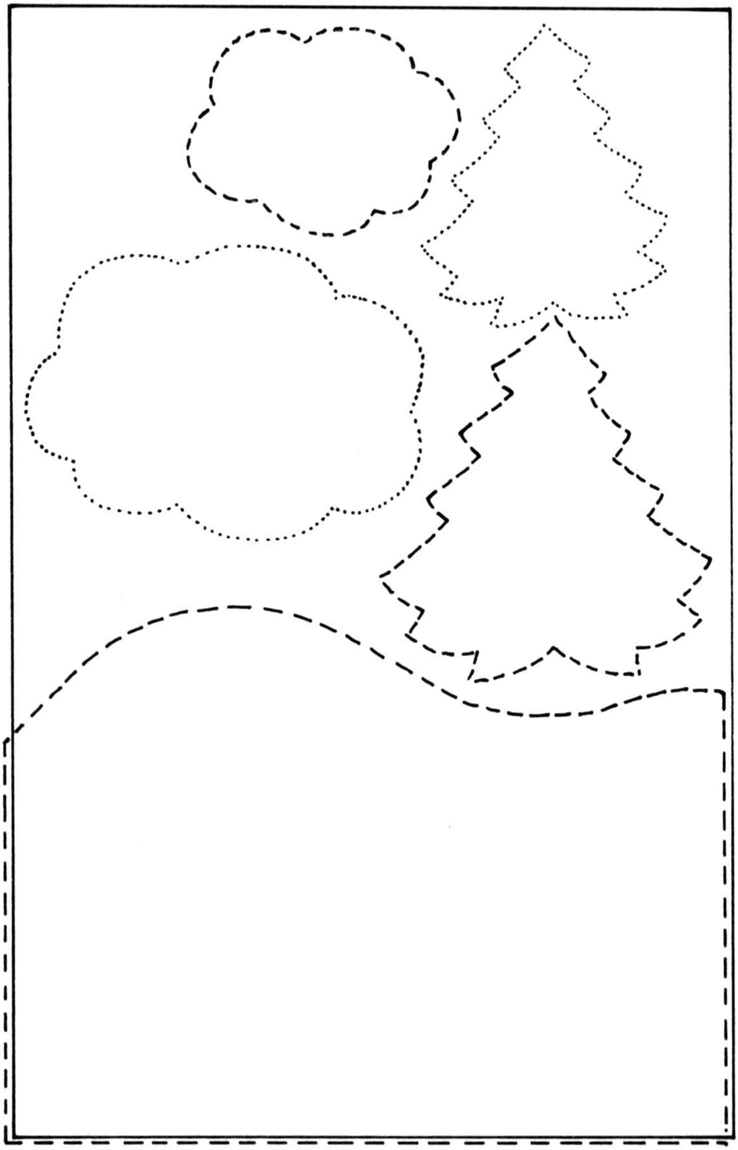

Gestickte
Weihnachtssymbole

Beschreibung auf Seite 48

Benötigt werden: 7 cm × 10 cm Zählstoff, natur (ca. 10 Fäden = 1 cm); verschiedene Sticktwistreste; aufbügelbare Vlieseline; Passepartoutkarten (7,5 cm × 10,5 cm).
Die Stickerei von der Mitte aus einteilen und mit zweifädigem Twist gemäß dem Zählmuster im Kreuz- bzw. Vorstich arbeiten. Nach der Fertigstellung Vlieseline aufbügeln und die Kanten begradigen. Das Stickbild in die Passepartoutkarte kleben.

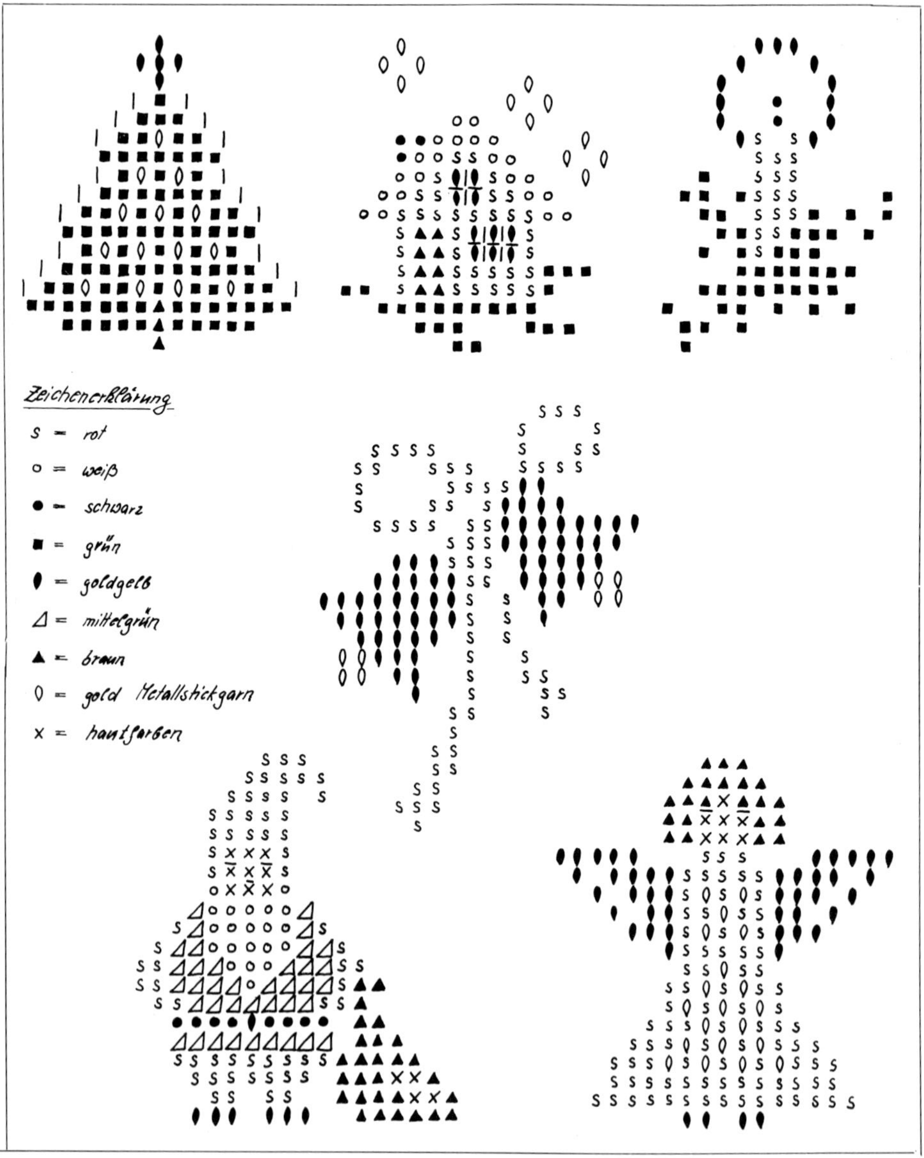